**존재와 세계를 긍정한 철학자** "리쾨르"

# RICOEUR

# 존재와 세계를 긍정한 철학자 "리쾨르"

# RICOEUR

올리비에 아벨 씀 | 이은화 그림 | 정기헌 옮김

함께읽는책

Le Oui de Paul Ricoeur
by Olivier Abel & Eunhwa Lee
Copyright © Les petits Platons, 2010, All rights reserved.
Translation copyright © 2016 by Cobook
This book is published by arrangement with Milkwood Agency, Séoul

"삶에서 조화롭게 해내기가 가장 힘든 일이 '네'라고 말할 때와 '아니오'라고 말할 때를 아는 것이지. (......) 진실을 말하자면, 내가 내 자신을 긍정하고 세계를 긍정하기 위해서는 저 은하수 길을 따라, 봉우리들 사이로 난 빛나는 능선들을 지나야만 하지. 그리고 수많은 세계들, 수많은 심연들 또한 통과하지 않으면 안 돼. 하지만 지금 나는 그 길 앞에서 망설이고 있어. 마치 낮과 밤의 문 앞에서 홀로 다시금 여행을 떠날 용기를 내지 못하고 서 있는 것처럼."🪐🌑🦴

# 목차

파리 근교 샤트네말라브리에 저녁이 찾아옵니다. 아름다
운 숲 입구에 자리한 대저택 1층 응접실에 불이 켜져 있습니
다. 그곳에 한 철학자가 앉아 있습니다.

그의 이름은 폴 리쾨르. 그는 공포와 기쁨이 교차하는 여러 시대를 지나 왔습니다. 후대 사람들은 그 과거를 모두 이해하지는 못합니다. 그는 여러 나라의 대학에서 여러 언어로 학생들을 가르쳤습니다. 그렇게 세계를 누볐습니다! 하지만 이제는 나이가 들었습니다. 그것도 아주 많이.

그는 평생 동시대 사상가들에게 질문을 던졌습니다. 수백 명의 방문자들, 학생들, 청소년들이 그를 찾아왔습니다. 그들 모두 자신의 존재를 긍정하고 스스로의 힘으로 생각할 용기를 얻고 떠났습니다. 그리고 지금은 저녁입니다. 폴 리쾨르는 책들 사이에 홀로 남았습니다. 《리어왕》이 바닥에 떨어져 있는 게 보입니다. 《파르메니데스》, 《안티고네》, 《판단력 비판》 같은 제목도 보입니다. 너무 읽어서 다 해진 성경책도 있습니다. 리쾨르는 독서광입니다. 쉼 없이 읽고 또 읽습니다. 그는 눈을 감습니다.

14

거실 벽에는 렘브란트의 그림 한 점이 걸려 있고, 가구들은 온통 책들과 세계 각지에서 수집한 올빼미 조각들로 가득합니다. 모두 올빼미지만 크기, 형태, 재료, 스타일 어느 것 하나도 같은 것이 없습니다. 세상에는 참 별별 올빼미가 다 있습니다! 폴 리쾨르는 이 올빼미들을 바라보는 것을 좋아합니다. 그들을 보고 있자면 지혜의 여신 아테나가 연상됩니다. 올빼미는 동이 트고 나서야 날개를 펴고 날아오르는 철학자 동물입니다. 한 박자 늦게 움직이는 셈입니다.

열린 문 사이로 침실이 보입니다. 어둠 속에 파묻힌 책상도 보이네요. 그곳에도 한 무더기의 책들과 눈을 동그랗게 치켜뜬 올빼미들이 있습니다. 동그란 안경 너머로 언제나 놀란 듯한 표정을 짓고 있는 폴 리쾨르 자신도 올빼미를 닮았습니다. 그는 언제나 한발 느리거나 빨랐습니다. 마치 오랜 여행에서 돌아와 어리둥절한 표정을 짓고 있는 사람처럼 어딘지 살짝 어긋난 듯 보였습니다. 그러니 그가 부재하는 과거의 위대한 인물들과 대화를 나누는 데 평생을 바친 것도 이상할 게 없습니다.

폴 리쾨르가 막 선잠에 들려고 할 때 올빼미 한 마리가 어깨 위로 날아와 앉습니다. 올빼미? 그는 눈을 감았다가 다시 떠 봅니다. 열이 나서 헛것이 보이는가 보다 생각한 것입니다. 하지만 여전히 올빼미는 그의 어깨 위에 앉아 그를 따라 눈을 깜박이고 있습니다.

그 순간 책 더미가 한 무리의 그림자들로 변화하기 시작합니다. 리쾨르의 저서들을 통해 수 세기를 뛰어넘어 대화를 나누던 인물들입니다. 아리스토텔레스는 아우구스티누스의 질문에 답하고, 칸트는 헤겔에게, 하이데거와 플라톤은 사르트르와 레비나스에게 답합니다. 그리고 아렌트는 칸트와 플라톤에게 답합니다. 이런 식으로 그림자들이 빙글빙글 돌며 서로 끝없이 질문과 대답을 주고받습니다……

그들 사이로 리쾨르와 너무도 가까웠던 이들의 그림자들이 나타났다 사라지기를 반복합니다. 저 세상으로 떠난 아들 올리비에도 보입니다. 사랑하는 사람이 까닭 모를 죽음을 맞이할 때 죽음은 끔찍한 수수께끼가 되어 버립니다. 그의 충실한 아내 시몬도 있습니다. 참으로 헌신적이던 그녀는 때로 애정 가득한 얼굴로 짓궂은 농담을 던지기도 했습니다. 사랑의 신비는 참으로 불가사의하기만 합니다.

대화가 끊긴 옛 제자들도 눈에 띕니다. 철학자 데리다도 보이고, 레비나스와 가다머도 보입니다. 옛 친구와 적들이 함께 모여 있습니다. 왜 모두들 먼저 저세상으로 가 버렸을까요? 손을 내밀어 그들을 만지려고 하지만, 그림자들이 손가락 사이로 빠져나가 버립니다. 어깨 위에서 올빼미가 울어 댑니다.

"우우? 어디, 어디? 죽은 자들은 더 이상 존재하지 않아. 이 모든 사람들은 바로 당신 자신이야. 당신이 그들에게 생명을 불어넣어 등장인물로 삼은 거지!"

"아니야, 그렇지 않아." 리쾨르가 반박합니다. "그들은 모두 존재했어. 이 책들, 그들이 보낸 편지들, 내 기억 속에 그들의 흔적이 남아 있는 걸. 내가 아니라, 그들이라고. 내가 아는 그 남자들과 여자들 말이야!"

"모두 환영일 뿐이야." 올빼미는 물러서지 않습니다. "어디에 진짜 세계가 있지? 모든 것은 사라지기 마련이야. 오직 당신만 남는 거야. 혼자가 되는 거지. 그리고 당신도 곧 사라질 테지."

노철학자가 짓궂은 미소를 지으며 대답합니다. "하지만 내가 사라질 거라면 지금은 확실히 존재하는 셈이군! 가장 큰 신비는 죽음이 아니라 탄생이지. 최대한 먼 기억으로 거슬러 올라가도 나는 이미 태어나 있거든. 부모님과 모국어처럼 나보다 앞서 존재해 온 모든 것들, 즉 나의 조건들을 인정하지 않은 채 무언가를 생각한다는 것은 불가능한 일이야. 그중 어느 것도 나는 선택하지 않았어. 어쩌면 나는 너처럼 올빼미로 태어나거나, 다른 부모 밑에서 다른 이름과 다른 몸으로 태어났을 수도 있었을 테지. 왜 나는 나일까? 죽음을 받아들이는 것보다 더 중요한 문제는 태어났음을 받아들이는 거야. 다시 말해, 자신의 존재에 대해 '네'라고 긍정할 수 있느냐의 문제지."

"죽음은 문제가 안 된다고 했지만, 당신은 언제나 죽음을 경험하며 살아왔잖아." 리쾨르의 어깨 위에 매달린 올빼미가 말합니다.

"그래. 어머니는 내가 태어난 뒤 얼마 되지 않아 돌아가셨고, 아버지는 내가 두 살이었을 때 1차 세계대전 중 전사하셨지. 할아버지와 할머니가 나와 누나 알리스를 키우셨어. 나는 책 속에 파묻혀 지냈지. 내가 그 책들을 읽으면 마치 숲 속의 공주처럼 책들이 긴 잠에서 깨어나기라도 할 것처럼 말이야. 그리고 이번엔 누나가 결핵으로 세상을 떠났지. 그때 나는 그 무엇으로도 불행을 정당화하거나, 당연시하거나, 보상할 수 없다는 걸 깨달았지."

"그래도 어린 시절에는 재롱을 떨며 사람들을 웃겨 주곤 했잖아!"

"내 꿈 속 날개 달린 피조물이여, 너는 그때부터 이미 내 곁을 따라다녔던 거야? 너는 나의 분신인가? 내게 모든 것을 의심하도록 만드는 악마인가? 아니면, 내 신앙심을 시험하기 위해 내려온 천사인가? 어쨌든 너는 내가 기쁨 속에서 언제나 슬픔을 보고 있었다는 사실을 알고 있던 거로군!"

"맞아. 당신은 자주 명랑과 우울 사이를 오가곤 하지. 혹시 단순히 위장에 문제가 있는 건 아닐까? 당신은 왕성한 식욕으로 삶을 맛보았지. 하지만, 우우? 어디, 어디? 당신의 슬픔은 어디서 오는 것일까? 너무 긴 밤들로부터? 외로웠던 유년 시절로부터? 돌이킬 수 없이 흘러가 버리는 시간으로부터?"

"삶 속에 이미 슬픔이 내재해 있는 걸. 즐겁게 삶이 싹 트는 그 순간부터! 그게 바로 삶의 역설이지. 우리는 탄생과 죽음을 분리할 수 없어. 마찬가지로, 문제 제기 없는 긍정, 의심 없는 신뢰, 비판 없는 동의란 존재하지 않아!"

"왜 당신은 늘 모든 것을 복잡하게 만들지?" 올빼미가 날개를 펼치며 말합니다. "왜 당신은 모든 것들 사이에서 절묘한 균형을 찾으려고 애쓰는 거지? 그런 균형에 도달할 수 없으리라는 것을 잘 알면서. 마치 온 세상 사람들에게 사랑받고 싶어서 어느 것도 포기하지 못하는 사람처럼 보이는군!"

"그게 바로 청소년기의 힘겨운 여정 아닐까? 가능한 것들 중에서 선택하는 것이 아니라 모든 것을 품에 안고 싶어 하는 그 놀라운 시절 말이야. 나 역시 그때는 모든 것을 사랑하고, 모든 것을 수락하고, 모든 것을 이해할 수 있을 것 같았지. 오랫동안 나는 피아노를 연주했고, 이런저런 활동에 참여했고, 내가 가진 거의 모든 재능들을 발휘하려고 애써 왔지. '나는 왜 지금의 나일까?'라는 질문은 조금씩 긍정으로 변화해 왔어. 지금의 내 존재에 '네'라고 대답하게 된 거야!"

올빼미가 말합니다. "우리는 자신의 한계를 궁구함으로써 무한에 도달할 수 있지!"

"또한 실수를 하면서. 더 잘 설명하고, 더 잘 번역하면 전쟁 따위는 일어나지 않을 수도 있었을 거라고 나는 믿었지. 아버지가 마른 전투[1]에서 전사한 것도 다른 모든 일들처럼 그저 부조리하고 끔찍한 오해에서 비롯되었다고 믿었어. 1940년부터 1945년까지 멀리 독일 동부의 포로수용소에 갇혀 있는 동안 유명한 독일의 유대인 철학자 후설의 명저를 몰래 공들여 번역하기도 했지."

"전 세계 모든 사람들이 서로를 이해하기를 바랐던 거야?"

"그래, 하지만 나치가 몰고 올 재앙이 어느 정도인지 예상하지 못했어. 외부에서 폭력과 거짓을 고발하는 것만으로는 충분하지 않다는 것을 한참이 지난 후에야 깨달았지. 우리는 참여해야 하고, 합법적인 제도들을 수호하려고 노력해야 해. 그것이 '악당'들 차지가 되도록 내버려 두어선 안 돼."

1 제1차 세계대전 발발 직후인 1914년 9월, 프랑스 파리 북동쪽 마른강을 사이에 두고 독일군과 프랑스·영국 연합군이 벌인 전투. (이하 역자주)

"하지만 제도에 대한 당신의 존중심이 늘 좋은 결과만 가져온 것 같진 않군! 1968년 혁명 이후 당신이 낭테르대학의 학장이 되었을 때 학생들이 당신 머리에 쓰레기통을 뒤집어 씌운 사건, 잊지 않았겠지?"

"하지만 나는 이제 새로운 지혜를 찾고 있는 걸. 위대함만을 추구하는 대신 하찮은 것, 공동의 것, 심지어 이상해 보이는 것에도 관심을 기울이기로 했어! 모든 관점들의 화해를 꿈꾸기보다 언제나 불화, 괴리, 분쟁이 존재하기 마련이라는 사실을 받아들이게 되었지. 또한 하나의 분쟁은 또 다른 분쟁을 낳는다는 사실도 깨닫게 되었어. 이런 이유 때문에 모든 것을 복잡하게 만드는지도 몰라. 네가 방금 말했듯이."

"당신은 동시에 모든 것을 긍정하고자 원하기 때문에 모든 것을 복잡하게 만드는 거야. 자신이 원하는 것이 무엇인지는 알고 있는 거야?"

"오래된 질문이로군! 바로 의지에 관한 내 첫 저서에서 다룬 질문이야. 그 책에서 나는 우리가 자기 몸과 감정의 주인인지에 대해 질문을 던졌지. 그리고 우리는 살아가기 위해서 우리 자신이 선택하지도, 결정하지도 않은 것들에 '네'라고 말할 수 있어야 한다는 것을 깨닫게 되었어."

"기억해? 전쟁이 끝난 직후, 모든 사람들은 분노하고 저항하느라 여념이 없었지. 오로지 '아니요'라고만 외쳐 댔어!"

"하지만 '아니요'라고 말하려면 '네'라고 말할 줄도 알아야 해. 책의 결론에서 나는 내가 세상에 온 것에 대해, 평범한 내 자신에 대해 '네'라고 말하고 싶었지. 세상이 아무리 불공평해 보이고 받아들이기 힘들다고 해도 말이야. 1948년 부활절 무렵이었어. 아르데슈와 오트루아르 사이의 고원지대인 샹봉쉬르리뇽의 세브놀중학교에서 철학 교사로 일하고 있을 때였지."

"그 자전거 기억 나?" 올빼미가 놀리듯 묻습니다. "누구한 테 빌렸는지 기억도 나지 않는 그 자전거를 아무 데나 세워 놓고 잊어버리곤 했지! 그리고 증기기관으로 움직이던 그 타이어 달린 조그만 기차 생각 나? 도착할 때마다 기적 소 리를 울려 댔잖아. 아침마다 울리던 그 소리가 내게는 잠 자리에 들라는 신호였지."

리쾨르가 말을 받습니다. "나무판자로 얼기설기 지은 교실에서 난로로 몸을 녹이며 공부를 했었지. 학생들은 나막신이나 나무창을 덧댄 구두를 신고 와 덧신으로 갈아 신었어. 날이 좋으면 야외에서 수업을 하기도 했는데 학생들은 키 큰 소나무 주위로 옹기종기 모여 앉았지. 내 기억 속에 그 얼굴 하나하나는 미래에 대한 약속 같은 것으로 남아 있어. 전쟁이 막 끝난 뒤라 참 우울한 시절이었지! 모든 것이 소박했고 우리는 가난했지만, 나는 그 아이들에게 새로운 세계를 선물하고 싶었어."

올빼미가 말합니다. "당신은 수업에 너무 열중한 나머지 쉬는 시간을 알리는 종소리조차 듣지 못할 때도 있었지. 그래도 다행히 학생들은 당신의 농담이나 찡그린 표정에 웃음을 터뜨리곤 했어! 그때 이미 당신은 나랑 상당히 닮아 있었던 모양이야!"

"샹봉쉬르리뇽 사람들은 전쟁 기간 동안 유대인 아이들을 숨겨 주었지. 그중 몇 명은 발각되어 수용소로 끌려가 죽임을 당했지만, 육백 명에 가까운 아이들이 목숨을 건졌어. 하지만 전쟁의 참화 속에서 쓰러져 간 수백만의 젊은이들을 잊어선 안 돼. 인간이 저지른 참혹한 범죄와 그것을 방관한 비겁함 역시! 그래, 언제라도 암흑의 시대가 도래할 수 있다는 사실을 명심해야 해. 그 때문에 어둠 속에서도 앞을 분간할 수 있도록 우리 눈을 훈련해야 하는 거야.

"당신은 날이 저물면 눈 쌓인 숲 속을 하염없이 걷곤 했지. 올빼미 따위는 전혀 무섭지 않았어! 당신은 자신이 별 한 점 없는 바다 위를 떠다닌다고 상상하곤 했지. 당신은 논쟁의 대양을 횡단했고, 부조리한 공포의 안개 속을 용기 있게 헤쳐 나갔지!"

"그래! 인간이 스스로를 불행하게 만들 수도 있다는 사실을 어찌 잊을 수 있을까? 허물이 없는 의지, 나약하지 않은 책임감을 생각할 수 있을까? 인간은 자유와 나약함이라는 이중의 얼굴을 가진 존재야. 둘 중 한쪽만을 보아서는 안 돼."

"그렇다고 악에 대해 설명하느라 시간을 다 보낼 작정은 아니겠지?"

"아니. 악을 막고, 악이 될 수도 있는 것들을 교정하기 위해서라면 뭐든지 할 생각이야! 하지만 우리의 이해와 행동의 가능성을 넘어선 불행들도 존재하지. 이럴 땐 그저 주저앉아 탄식하는 것 말고 다른 수가 없어. 부활절의 빛, 예수의 부활이 열어 준 그 위대한 희망도 내게는 너무 높고 난해해 가 닿을 수 없는 꼭대기처럼 까마득하게만 느껴지는 걸."

"당신은 마치 기독교 철학자처럼 말하는군."

"그렇게 볼 수도 있겠지. 하지만 불교 신자나 유대인, 무신론자도 각자의 방식으로 똑같은 말을 할 수 있을 거야. 어쨌든 나는 철학을 하는 사람이야. 달리 말하면, 철학의 언어로 말하는 기독교인이지. 렘브란트가 화가 혹은 회화의 언어로 말하는 기독교인인 것과 마찬가지로. 그림을 그리는 것이 그의 재능이자 업이었으니까. 하지만 때로 나는 길을 잃거나 의심에 사로잡힐 때가 있지. 신은 어떤 때는 너무 먼 곳에 있어서 도무지 이해할 수 없는 존재이기도 하고, 어떤 때는 마치 사랑하는 친구처럼 내 곁으로 와서 내부로부터 나를 뒤흔들어 놓기도 하지."

"당신은 항상 똑같아. 모든 것을 구별한 후에 각각의 생각들을 한데 모으지. 하지만 절대로 뒤섞지는 않아. 그렇게 여기저기 긴장을 조성하고 다니는 거지. 당신의 철학은 사람들에게 그다지 휴식이 되어 주지는 못하는 것 같군! 당신은 항상 무언가를 찾고 있는 것 같아. 그게 무엇인지는 알 수 없지만……."

"삶에서 조화롭게 해내기가 가장 힘든 일이 '네'라고 말할 때와 '아니요'라고 말할 때를 아는 것이지. 반대자의 완전한 부정을 속 깊이 들여다보면 완전한 긍정이 도사리고 있다는 것을 알 수 있어. 이런 부정은 너무 전폭적이고 단순해. 거부와 동의 사이에서의 미묘한 망설임까지 포착하기 위해 더 멀리까지 가지 않으면 안 돼. 진실을 말하자면, 내가 내 자신을 긍정하고 세계를 긍정하기 위해서는 저 은하수 길을 따라, 봉우리들 사이로 난 빛나는 능선들을 지나야만 하지. 그리고 수많은 세계들, 수많은 심연들 또한 통과하지 않으면 안 돼. 하지만 지금 나는 그 길 앞에서 망설이고 있어. 마치 낮과 밤의 문 앞에서 홀로 다시금 여행을 떠날 용기를 내지 못하고 서 있는 것처럼."

"긍정을 향한 당신의 여정을 내가 다시 보여 줄게. 나도 함께했던 길이니까." 올빼미가 노철학자의 주위를 빙글빙글 날아다니며 외칩니다. "날 따라와. 모든 것을 기억하고 있으니까. 동의를 향한 그 길, 한계들을 가로질러 난 그 길을 함께 가 보는 거야. 하룻밤 사이에 우리는 참으로 많은 세계를 가로지르게 될 거야!"

"저기 날아가는 혜성이 보여? 그 안에는 삶의 의미에 대해 논쟁한 모든 세기의 철학자들이 살고 있지! 단지 그들은 '네'라고 말하는 것과 '아니요'라고 말하는 것이 무엇을 의미하는지에 대해 동의하지 못하고 있는 건 아닐까?"

40

"이번엔 저쪽을 봐. 오로지 선한 것만을 보는 이들이 사는 세계야. 참으로 믿음이 넘치는 표정들을 하고 있군! 저 앞쪽에는 판관들의 세계가 있어. 악에 반대하기 위해 오로지 악만을 보는 자들이지! 그리고 이쪽은 실용적인 지혜의 세계야. 이곳 사람들은 타인들의 관점에 비추어 자신의 관점을 상대화함으로써 분쟁에서 벗어나는 데 성공했지!"

43

"저기, 삶을 위한 투쟁을 다양한 방식으로 해석하는 은하들이 보이는군…… 영웅담 혹은 형제간의 싸움 같은 것일까? 죽는 그날까지 각자가 자신의 권리와 고통에만 몰두하는 비극일까? 아니면 부조리한 희극일까?"

"참으로 아름답지 않아? 성서의 위대한 구절들, 그 속에 담긴 이야기, 계율, 예언, 격언, 찬양 들로 이루어진 저 성좌를 봐!"

"내게는 저 수많은 성좌들이 제각각 신을 명명하는 방식이자, 우리가 여행 속에서 자기 이해에 도달하는 길로 보이는군…… 이곳으로 날 데려와 줘서 고마워! 내가 여전히 열에 들떠 있는지도 모르지만, 내가 무엇에 대해 '아니요'라고 말하고 무엇에 동의하는지를 너와 함께 찾아보고 싶은 마음이 간절하군."

"곧 보게 될 거야! 모든 것은 삶에서 벗어나고픈 유혹, 정해진 역할에 대한 거부에서 시작되지. 이 길 위에서 우리가 가장 먼저 만나는 세계는 바로 스토아주의자들의 세계야. 좁은 길을 따라가다가 새로운 분기점이 나타나면 가장 어려운 길을 선택하는 사람들이지. 당신이 배운 바이기도 하잖아. 그렇지?"

"하지만 그것 역시 현실로 되돌아오기 위한, 삶을 다르게 사랑하기 위한 또 하나의 방법 아닐까?"

"그럴지도 모르지. 하지만 그렇게 즐거운 방식은 아닌 것 같군! 그 세계는 마치 잡다한 인간사에서 멀리 떨어진 매우 순수하고 단순한 행성과도 같아. 무엇에도 구속되지 않고 별들 사이를 스쳐 지나가는 나그네처럼 말이지. 각자가 멀찍이 떨어져서 자신의 삶을 마치 타인의 삶처럼 바라보는 세계 말이야. 그 세계 속에서 모든 형태는 서로 뚜렷하게 구분되고, 얼음처럼 차갑게 굳어 있고, 광물성을 띠며, 수정처럼 맑고 완벽해 보이지. 환하고 고요한 그 세계 속에서 각자 다른 이들로부터 외따로 떨어져 고독하게 살아가는 거야."

"그 점이 바로 아름답지 않아? 이곳에 살기 위해서는 외따로 떨어져서 자신을 대면하고, 진실로 자기 자신이 될 용기가 필요한 법이지."

"하지만 그렇게 고립되어, 찡그린 얼굴로 양보를 거부하는 모습은 바람을 맞으며 서 있는 바위를 연상시키는군. 그런 세계는 끊임없이 변화하는 현실에 대한 경멸로 가득한, 쓸쓸한 유배지가 되어 버릴지도 몰라."

47

"나는 예전에 그 세계의 주민인 마르쿠스 아우렐리우스와 다른 스토아주의자들을 만난 적이 있어. 그들은 현실적인 문제들을 경멸했지만 이 세계 전체에 대해서 경의를 표했지. 그들은 전체 속에서 자신을 인식하지. 그들은 주위의 모든 것이 무너져 내려도 마지막 순간까지 세계의 시민으로 남을 거야. 그게 바로 내가 그들에 대해 좋게 생각하는 점이야."

"당신이 말했듯이, 혼자서도 충분히 선할 수 있다고 믿은 것이 스토아주의자들의 한계지. 그들은 진정으로 '네'라고 말할 줄 몰라. 현실로부터 매우 멀리 떨어져 있거든."

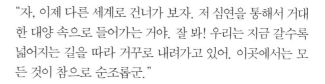

"자, 이제 다른 세계로 건너가 보자. 저 심연을 통해서 거대한 대양 속으로 들어가는 거야. 잘 봐! 우리는 지금 갈수록 넓어지는 길을 따라 거꾸로 내려가고 있어. 이곳에서는 모든 것이 참으로 순조롭군."

"이곳은 오르페우스의 세계. 생성의 무한한 순환으로 조절되는 이 세계 속에서 삶과 죽음은 서로 하나가 되지. 몰락과 상실, 고통이 언제나 무언가 다른 것으로 대체되어 극복되는 장엄한 작품과 같은 세계지. 바닷속 물방울 하나하나가 활짝 만개한 각자의 삶처럼 반짝거리는 곳. 마치 영원한 삶의 왕국처럼!"

올빼미가 말을 이어받습니다. "이 세계 속에 살기 위해서는 타인들에게 헌신하고, 참여하고, 삶의 흐름 속에서 자신을 잊을 줄 알아야 해. 가능한 최상의 세계는 아닐지 몰라도, 그 속에 담긴 모든 것의 충만함 때문에 탁월하고 독특하다고 할 수 있는 세계야. 그곳은 바로 끝이 없는 선, 존재의 긍정인 세계지. 그곳에서 선은 존재 자체인 셈이야. 모든 것이 다른 것에 자리를 내주고 사라지기 전까지 속속들이 선인 세계 말이야."

"아, 삶은 아름다워라! 시인 릴케의 말처럼, '이승에 있다는 것은 멋진 일'[2]이야! 삶 속에서 우리는 누군가에게 박수를 보내야 할 때가 있는가 하면, 자신의 존재를 축하받는 순간도 있지. 저 바다에서 오는 모든 빛과 노래 속에 행복의 약속이 담겨 있어."

"그게 사실이라고 해도, 당신이 말했듯 그 세계의 시 속에는 강력한 유혹이 도사리고 있지. 만물의 변화라는 저 대양 속에서 우리 자신을 잃고 싶은 유혹 말이야. 그런 과도한 긍정의 세계 속에서 우리는 더 이상 무엇에도 반대하거나 저항하지 못 하게 될 거야. 여기서 너무 지체하다가는 다시는 집으로 돌아가지 못하게 될지도 몰라. 우우? 어디, 어디?"

2 릴케의 시 〈두이노의 비가〉에 나오는 구절로 오르페우스가 저승 문을 나서면서 외친 말이다.

폴 리쾨르가 말을 잇습니다. "그래, '네'라고 말하는 법을 배우려면 스토아주의자의 얼어붙은 유배지와 오르페우스주의자의 감수성 넘치는 왕국 사이에 난 길을 찾아내야만 해. 하지만 과연 누가 순전히 자신만을 향한 긍정과 자신에게는 무관심한 채 외부만을 향하는 긍정 사이에서 살아갈 수 있을까? 과연 씁쓸한 경멸감과 변화에 대한 도취 어느 쪽에도 사로잡히지 않을 수 있는 이가 있을까? 이 세계에 대한 긍정을 향한 길은 불확실할뿐더러 영원히 미완성으로 남게 될 거야."

"하지만 그렇게 우리는 현실로 다시 내려올 수 있는 거야. 저기, 벌써 샹봉쉬르리뇽을 굽어보는 메장 산의 봉우리가 보이는군!"

"그렇군! 우리 세계의 경계가 가까워지고 있어! 저기, 산봉 우리의 철 십자가가 보이지? 내게는 희망의 상징이야. 다른 말로 하면, 내 한계의 상징이지. 저곳에서 우리는 저 너머로 부터 시선을 거두어 우리의 평범한 세계로 되돌아오는 거 야. 저 극단에 이르러 우리는 이 세계를 긍정하고, 우리 자 신을 있는 그대로 받아들이는 거지. 하지만 희망의 눈빛을 거두어서는 안 돼. 기다림은 계속되고 있어. 세상에는 우리 가 동의할 수 없는 것들이 여전히 존재하기 때문이야. 어느 것도 완결되지 않았어."

"그래!" 올빼미가 맞장구를 칩니다. "시인 오르페우스가 아내 에우리디케를 잃고 걸었던 바로 그 길이야. 그는 사자들의 세계로 내려가 아내를 이승으로 데려오려고 했지. 하지만 마지막 순간에 어서 빨리 아내를 품에 안고 싶어서 뒤를 돌아보는 바람에 또 다시 아내를 잃고 말았어."

"에우리디케와 함께 돌아오지는 못했지만 오르페우스는 이 세계가 아름답다고 외치지 않았나?"

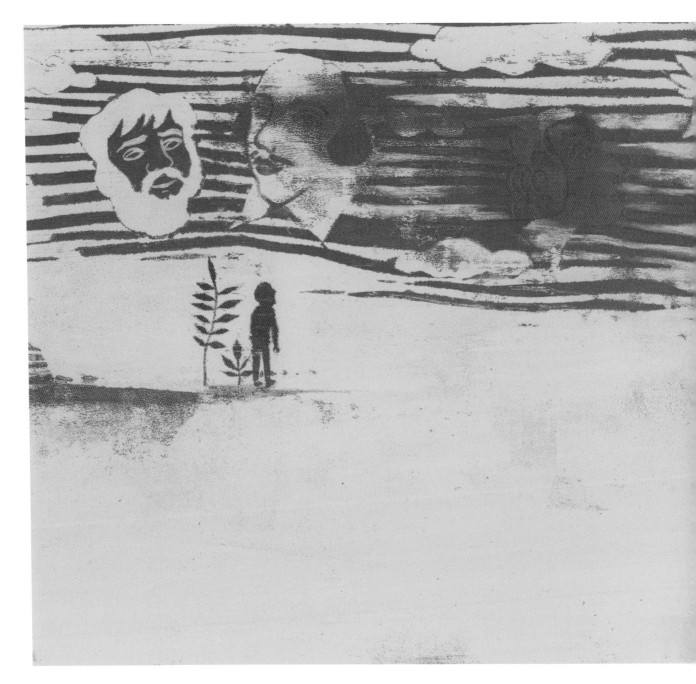

"하늘이 푸른빛을 띠어 가고 있어. 밤이 가고 새벽이 가까워 오는군. 잠시 숲 속을 산책하는 건 어때?" 올빼미가 물었습니다. "공기가 포근하군. 바람을 좀 쐬는 게 좋을 거야. 아직 미열이 남아 있으니. 자, 여기 당신 지팡이를 가져왔어."

"조금만 걷지. 아직 사방이 깜깜하니까. 밤에는 세계가 선한 것을 볼 수 없어. 그것을 희망할 따름이지. 어쩌면 이런 소극적인 희망만으로는 아무것도 할 수 없을지 몰라. 하지만 나는 막다른 벽도 길의 일부라고 믿고 있어. 다시 길을 떠나기 위한 출발점이 될 수 있으니까."

"저길 봐. 당신이 아끼는 고인들의 모습이 사라져 가고 있어. 어디로 가는 거지? 나도 희미해지는 걸? 우우? 어디, 어디? 나는 어디 있지? 이 질문을 마지막으로 당신에게 작별을 고해도 될까?"

"그들은 타인의 말을 통해 잠에서 깨어나고, 해석을 통해 되살아나기를 기다리고 있는 거야. 마치 배우가 오래된 희곡의 대사를 읊고, 음악가가 악보를 연주하듯이 말이야. 그 연기와 연주는 오늘날 사람들에게도 감동을 줄 수 있지. 우리는 말을 통해 더 이상 이곳에 없는 이들을 현존하게 할 수 있어."

"나의 늙은 올빼미여." 폴 리쾨르가 속삭입니다. "네가 조금만 더 나와 함께할 수 있다면, 내가 책을 한 권 쓸 때마다 읽었던 혹은 읽기를 원했던 모든 책들의 도서관을 보여줄 수 있을 텐데. 과거의 저자들은 우리에게 읽히기를 기다리고 있어. 내게 또 하나의 삶이 주어진다면 더 많은 책들을 읽을 수 있겠지. 그리고 새로운 책들을 쓸 수도 있을 거야. 하지만 그는 여전히 나일까? 지금 내가 할 수 있는 전부는, 사람들에게 살고자 하는 나의 욕망을 선사하는 것뿐이지. 다시 말해, 내가 다가가는 모든 것에 다시금 생명을 불어넣으려는 욕망, 다른 이들의 존재에 경의를 표하려는 욕망 말이야."

그때 종달새 한 마리가 아침놀이 비추는 하늘 위로 날아오
릅니다. 폴 리쾨르는 일하지 않고 하늘을 날아다니는 새들
에 대한 철학자 키르케고르의 성찰을 떠올립니다. 리쾨르
는 구속 없는 존재를 꿈꿉니다. 그리고 단지 감사할 따름
입니다. 네, 내가 존재하는 것에 감사합니다.

# 대화의 철학자, 20세기 소크라테스 _ 리쾨르를 말하다

20세기 프랑스의 최고 지성으로 손꼽히는 폴 리쾨르는 철학을 포함하여 정신분석, 문학비평, 종교와 성서해석학, 역사학, 언어학, 정치학 등 광범위한 분야를 아우르는 사상적 업적을 남겼다. 그의 이름에 언제나 따라붙는 '해석학의 대가'라는 수식어가 말해 주듯이, 그는 다양한 분야의 텍스트들을 읽고 또 읽으며 그 속에 담긴 삶의 의미와 진리를 발견하고 이해하는 데 평생을 바쳤다. 또한 그는 다양한 층위에서의 해석들 사이에 발생하는 긴장과 갈등을 중재할 줄 아는 대화의 철학자였다. 때로 몰이해와 편견의 희생양이 되기도 했지만 결코 개방적인 자세를 포기하지 않았다. 대화와 중재를 위한 그의 노력이 단순한 절충과 기회주의가 아니라는 사실이 밝혀지는 데는 그리 오랜 시간이 걸리지 않았다.

폴 리쾨르는 1913년 프랑스 남부 발랑스에서 태어났다. 어머니는 그가 태어난 지 몇 달 만에 세상을 떠나고, 아버지는 그가 두 살 되던 해에 1차 세계대전에 참전하여 마른 전투에서 전사한다. 리쾨르는 누나 알리스와 함께 조부모의 집에서 성장한다. (알리스 또한 폐결핵을 앓다가 21세의 나이로 세상을 떠난다.) 외로운 유년 시절을 책 속에 묻혀 지내던 리쾨르는 고등학교에서 스토아 철학자였던 교사 로랑 달비에즈의 영향으로 철학에 눈을 뜬다. 렌 소재 지방 대학을 다니며 2년간 파리 고등사범학교 입학시험을 준비하지만 낙제하고, 1년간 더 공부한 끝에 철학 석사 학위를 취득한다. 그 후 1934년 장학생으로 소르본에서 공부하고, 1935년 교수자격시험에서 차석으로 합격하는 영광을 누린다. 그의 지적 스승 가브리엘 마르셀을 만난 것도 그 무렵이다. 마르셀은 '실존주의'라는 말을 최초로 사용한 것으로 유명한 기독교 철학자다. 여러 학교에서 철학 교사로 일하던 리쾨르는 1940년 군대에 징집되어 전장으로 보내졌으나 곧

포로가 되어 독일 동부 수용소에서 5년을 보낸다. 이 시기 동안 그는 다른 포로들과 함께 수중의 책들을 모아서 수용소 내에 도서관을 만들고 임시 대학을 세우는 등 지적 활동을 이어간다. 리쾨르는 이때 종이가 없어서 원서의 여백에 번역문을 적어 가며 후설의 《순수현상학과 현상학적 철학의 이념들》1권을 프랑스어로 옮기기도 했다. 훗날 리쾨르는 이 5년 동안의 수용소 생활이 독일 현상학과 문학을 이해하는 데 결정적인 역할을 했다고 술회한다. 1950년 리쾨르는 그의 저서 《의지의 철학Philosophie de la volonté》 전반부에 해당되는 논문 〈의지적인 것과 비의지적인 것Le Volontaire et l'involontaire〉으로 박사학위를 받는다.

리쾨르는 삶을 의지적인 것(의지)과 비의지적인 것(정념)의 관계 속에서 파악한다. 우리의 결정을 촉발하는 이성, 몸의 움직임에 영향을 주는 무의식과 습관, 동의로 이끄는 필연성 등의 비의지적인 것들은 우리의 자발적 의지를 구성하는 본질적인 부분이다. 따라서 우리의 사유와 행동의 자유를 위한 내적이고 필연적인 조건이 된다. 하지만 자유와 필연성 사이에서 진동하는 인간은 언제라도 정념에 굴복하여 오류를 범할 수 있는 연약한 존재다. 여기서 악의 가능성이 도출된다. 리쾨르는 인간의 흠이 죄가 되고 죄에 대한 처벌을 내면화함으로써 허물이 되는 과정을 다양한 신화들을 통해 보여 준다. 그중에서도 죄의 기원을 인간 자신에게서 찾음으로써 자신을 끊임없는 재해석의 대상으로 삼는 아담과 이브의 신화를 인간학적 신화로서 높이 평가한다.

리쾨르는 1948년부터 1955년까지 스트라스부르대학을 거쳐, 1956년부터 소르본에서 학생들을 가르친다. 당시 그는 이미 유명한 철학자로 명성을 날리고 있었다. 그의 강의에 너무 많은 학생들이 몰려서 계단식 강의실에 모두 수용하지 못하고 안뜰에 확성기를 설치했다는 일화는 유명하다. 리쾨르는 1967년 낭테르의 실험대학 문과대 학장으로 자리를 옮긴다. 낭테르대학은 잘 알려졌다시피 프랑스 68 혁명의 도화선이 된 곳이다. 1969년 총장이 된 리쾨르는 마오주의자 학생들에 의해 머리에 쓰레기통을 뒤집어쓰는 수모를 겪기도 했다. 정부와 학생들 사이에서 균형을 잡으려던 그의 노력은 결국 실패로 돌아간다. 리쾨르는 1970년 학내 경찰 난입 사건에 대한 책임을 지고 총장직에서 사퇴하고, 벨기에와 미국, 캐나다 등지로 옮겨 다니며 대학에서 학생들을 가르친다. 이때를 기점으로 리쾨르는 프랑스 국내보다 해외에서 더 큰 명성을 얻게 된다. 1980년 67세의 나이로 은퇴한 후에도 그는 왕성한 집필 활동을 계속했다.

그의 유명 저작들 중에는 오히려 이 시기에 쓰인 것들이 더 많다. 1980년대 총 세 권으로 출간된 《시간과 이야기 Temps et récit》, 1990년에 나온 《타자로서 자기 자신Soi-même comme un autre》 등이 대표적이다.

리쾨르는 해석학을 현상학적 철학으로 발전시켰다. 인간에게 세계는 해석되어야 할 텍스트와 같다. 여기서 "우리는 믿기 위해 이해해야 한다. 그러나 이해하기 위해서는 믿어야 한다"는 현상학적 순환의 문제가 발생한다. 리쾨르는 이 순환에서 한발 더 나아가야 한다고 말한다. 상징에 대한 믿음에 머무는 것이 아니라 창조적인 해석을 통해 그것을 지성적으로 입증함으로써 확신으로 나아가는 것이다. 인간은 세계에 대한 해석을 통해 자기 이해에 도달한다. 리쾨르에게 텍스트 해석은 곧 자기 이해를 위해 돌아가야 하는 먼 길과 같다. 저자의 의도와 작품 사이의 거리를 소외로 인식하는 가다머와 달리 리쾨르는 이 거리 덕분에 독자가 작품 자체를 숙고할 수 있으며, 그 속에서 자신을 잃음으로써 역설적으로 자신을 발견할 수 있게 된다고 말한다.

리쾨르에게 이야기는 곧 삶이다. 우리는 이야기를 통해 단순한 자기 동일성을 넘어서는 정체성을 가진다. 이른바 '이야기 정체성'이다. 리쾨르는 좋은 삶은 이야기할 가치가 있는 삶이라는 소크라테스의 경구를 적극적으로 수용한다. 우리가 윤리적으로 좋은 삶을 살았는지는 자신의 삶을 이야기로서 검토해 봄으로써 알 수 있다. 그 과정에서 각자의 삶은 필연적으로 타인의 삶과 만난다. 이렇게 리쾨르의 해석학은 단순한 텍스트 분석을 넘어서 윤리학적 위상을 획득한다.

의 적극적인 용서와 사랑을 요구하는 데까지 나아간다. '눈에는 눈 이에는 이' 하는 식의 복수가 등가의 논리에 기초한 교환경제라면, 대가 없는 용서와 사랑은 넘침의 논리에 바탕한 선물경제에 해당한다.

그러나 이야기 속에도 언급되었듯이, 리쾨르는 기독교 철학자로 불리기보다는 철학자이자 기독교인(개신교인)으로 불리기를 원했다. 리쾨르는 언뜻 보기에 화해하기 힘들어 보이는 이 두 영역에 대한 혼동을 피하면서 양쪽 모두를 놓치지 않으려 노력했다. 그리하여 철학적 해석학은 성서적 믿음과 다른 담론 사이의 대화를 매개하고, 성서해석학은 철학적 해석학에 출발점을 제시한다는 결론에 도달했다. 이렇듯 리쾨르는 평생 신교도로서 자신의 신앙을 유지하면서 동시에 철학적 비판 작업을 멈추지 않았다.

평생을 위대한 작품들과 신화, 성서에 대한 해석을 통해 비판과 확신, 이야기와 삶, 정의와 사랑의 변증법을 탐구해 온 철학자 폴 리쾨르는 2005년 5월 샤트네말라브리에서 92세의 나이로 생을 마감했다.

옮긴이 정기헌

'비판과 확신(1995년에 출간된 리쾨르 대담집의 제목이기도 하다)'이라는 말로 표현되는 리쾨르 사상의 핵심은 정치적 사유 속에서 정의와 사랑이라는 개념으로 모습을 드러낸다. 그는 우선 정의와 복수를 구분한다. 부정의에 대한 분개는 필요하지만 그것이 복수를 위한 욕망으로 분출되는 것은 바람직하지 않다. 따라서 정의를 실현할 수 있는 제3의 기관이 필요하다. 이것이 법이다. 그러나 정의만으로는 부족하다. 리쾨르는 여기서 기독교적 윤리에 바탕을 둔 희생자

# 리쾨르를 더 알고 싶다면

《해석의 영혼 폴 리쾨르》, 칼 심스 지음, 김창환 옮김, 엘피,
　　2009.
《폴 리쾨르, 비판과 확신》, 폴 리쾨르 지음, 변광배, 전종윤
　　공역, 그린비, 2013.
《폴 리쾨르의 철학》, 윤성우 지음, 철학과현실사, 2004.

옮긴이 정기헌

파리8대학에서 철학을 공부하고, 한국외국어대학교 통역
번역대학원을 졸업했다. 번역한 책으로는《프란츠의 레퀴
엠》,《남겨진 사람들》,《고독의 심리학》,《트레이더는 결
코 죽지 않는다》,《고양이가 내게 말을 걸었다》,《퀴르 강
의 푸가》,《철학자에게 사랑을 묻다》,《프랑스는 몰락하
는가》,《해피스톤은 왜 토암바 섬에 갔을까?》,《괜찮아 마
음먹기에 달렸어》,《리듬분석》,《논 피니토: 미완의 철학》,
《낭비 사회를 넘어서》,《마르크스의 유령》,《엘불리의 철
학자》등이 있다.

**존재와 세계를 긍정한 철학자** "리쾨르"

초판 1쇄 발행 2016년 5월 30일

**지은이** 올리비에 아벨
**그린이** 이은화
**옮긴이** 정기헌
**펴낸이** 양소연

**기획편집** 함소연 **디자인** 하주연 이지선 **마케팅** 이광택
**관리** 유승호 김성은 **인터넷사업부** 백윤경 최지은

**펴낸곳** 함께읽는책 **등록번호** 제25100-2001-000043 **등록일자** 2001년 11월 14일

**주소** 서울 금천구 디지털로 9길 68, 1104호(가산동, 대륭포스트타워 5차)
**대표전화** 1688-4604 **팩스** 02-2624-4240 **홈페이지** www.cobook.co.kr
ISBN 978-89-97680-20-7(04110)
       978-89-97680-00-9(set)

이 도서의 국립중앙도서관 출판예정도서목록(CIP)은 서지정보유통지원시스템 홈페이지
(http://seoji.nl.go.kr)와 국가자료공동목록시스템(http://www.nl.go.kr/kolisnet)에서
이용하실 수 있습니다. (CIP제어번호 : CIP2016010878)